18 Juin 1884, V

VENTE

Du Mercredi 18 Juin 1884, à 2 heures.

HOTEL DROUOT, SALLE N° 1

MEUBLES ANCIENS

BRONZES D'AMEUBLEMENT

FAIENCES, PORCELAINES, OBJETS DE VITRINE

TAPISSERIES

Tableaux Anciens et Modernes

MINIATURES, DESSINS, LIVRES

Mᵉ P. CHEVALLIER,
COMMISSAIRE-PRISEUR
10, rue Grange-Batelière, 10.

M. B. LASQUIN
EXPERT
12, rue Laffitte, 12.

EXPOSITION PUBLIQUE

Le Mardi 17 Juin 1884,

de une heure à cinq heures.

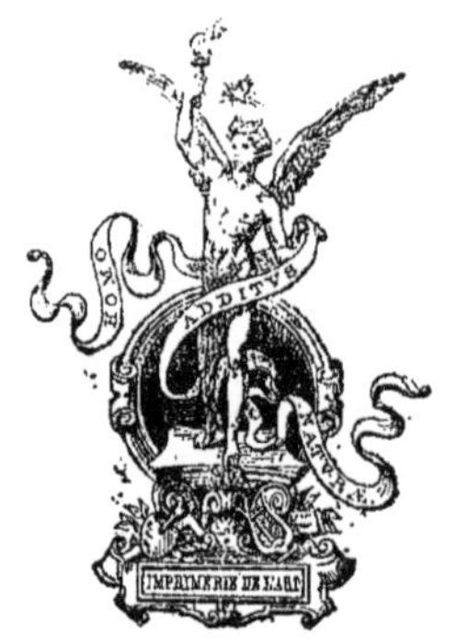

HONOS
ADDITVS
IMPRIMERIE DE L'ART

CATALOGUE

DES

MEUBLES ANCIENS

EN BOIS SCULPTÉ ET EN MARQUETERIE

Secrétaires — Commodes — Bureaux
Crédences — Consoles
Chiffonniers — Tables — Sièges — Glaces, etc.

PIANO A QUEUE DE PLEYEL

BRONZES D'AMEUBLEMENT

Faïences, Porcelaines, Objets de vitrine

TAPISSERIES

TABLEAUX ANCIENS ET MODERNES

Dessins — Aquarelles — Miniatures

LIVRES

DONT LA VENTE AURA LIEU

HOTEL DROUOT, SALLE N° 1

Le Mercredi 18 Juin 1884, à 2 heures

COMMISSAIRE-PRISEUR	EXPERT
Me **PAUL CHEVALLIER**	**M. B. LASQUIN**
10, rue Grange-Batelière, 10	12, rue Laffitte, 12

EXPOSITION PUBLIQUE

Le Mardi 17 Juin 1884

DE 1 HEURE A 5 HEURES

D 5419

CONDITIONS DE LA VENTE

Elle sera faite au comptant.

Les adjudicataires payeront *cinq pour cent* en sus des enchères.

L'exposition mettant le public à même de se rendre compte de l'état des objets, il ne sera admis aucune réclamation une fois l'adjudication prononcée.

Paris. — Imp. de l'Art, J. Rouam, 41, rue de la Victoire.

DÉSIGNATION DES OBJETS

MEUBLES

1 — Grande crédence à deux corps avec fronton
en bois sculpté; la partie supérieure se
compose de deux étagères supportées par
des têtes d'hommes ailées. Le corps du bas
est flanqué de deux cariatides et ouvre à
deux portes présentant en sculpture des
ornements et des mascarons au centre.

2 — Deux bras d'appliques pour lampe en bois
sculpté à rinceaux.

3 — Grande armoire en chêne sculpté à une porte,
contenant huit petits panneaux sculptés à
vases de fleurs. Sur les côtés, deux grandes
colonnes cannelées à chapiteaux.

4 — Cabinet de la Renaissance, en bois sculpté, à une porte se rabattant; l'intérieur est garni de plusieurs petits tiroirs. Sur les côtés, statuettes de guerriers et enfants.

5 — Grande armoire à deux portes en noyer sculpté à moulures.

6 — Cabinet italien en ébène et incrustation d'ivoire.

7 — Autre cabinet de même travail, orné de colonnettes.

8 — Petit cabinet en chêne sculpté.

9 — Grande console d'applique en bois incrusté d'ivoire à filets et rosace.

10 — Corps inférieur d'un bahut en bois sculpté ouvrant à deux portes.

11 — Pannetière en bois sculpté.

12 — Autre pannetière plus petite.

13 — Commode Louis XIV, en noyer sculpté, de forme contournée, tiroirs à encadrements de moulures.

14 — Commode Louis XIV, en noyer sculpté, à moulures; poignées et entrées de serrures en bronze.

15 — Quatre petites tables de style Louis XIII.

16 — Meuble scriban, époque Louis XV, en bois sculpté à moulures.

17 — Commode Louis XVI, à trois tiroirs en marqueterie de bois à filets et corbeille de fleurs; dessus en marbre.

18 — Commode à deux tiroirs en marqueterie de bois de même époque.

19 — Petite commode Louis XVI, en marqueterie de bois; dessus en marbre.

20 — Commode en marqueterie de bois de Mazzolini, à filets, rinceaux et médaillon à sujet.

21 — Secrétaire Louis XVI en marqueterie de bois
à filets et grecques; poignées et entrées de
serrures en bronze.

22 — Bureau Louis XVI, ouvrant à cylindre en
marqueterie de bois, orné de bronze.

23 — Chiffonnier Louis XVI, en acajou, à poignées
en cuivre.

24 — Secrétaire Louis XVI, en acajou clair.

25 — Petit secrétaire en bois de citronnier et d'ama-
rante ; dessus en marbre blanc.

26 — Petit meuble à quatre tiroirs en marqueterie
de bois.

27 — Secrétaire Empire en acajou garni de bronze.

28 — Table à jouer en acajou orné de bronze.

29 — Petite console Empire en acajou.

30 à 32 — Trois consoles en bois sculpté et doré,
dessus en marbre.

33 — Support à trépied en bois de rose garni de
bronze.

34 — Coffre à bois de forme cylindrique, recouvert
d'étoffe et garni d'ornements en bois sculpté
et doré.

35 — Quatre petites consoles d'angles, cariatides à
figures de femmes, en bois sculpté et doré.

36 — Glace dans un cadre Louis XV, en bois sculpté
et doré.

37 — Deux autres glaces plus petites.

38 — Piano à queue en palissandre, à sept octaves,
de Pleyel.

39 — Six chaises à haut dossier, de style Renaissance, en chêne sculpté, à rinceaux, figures
et mascarons.

40 — Trois fauteuils en noyer sculpté, de style
Louis XV.

41 — Six chaises Louis XIII, en chêne.

42 — Un fauteuil Louis XIII, en chêne.

43 — Deux tabourets en forme d'X, en bois doré.

OBJETS DIVERS

44 — Pendule Empire formée d'une figure de femme nue assise, en marbre blanc; socle en marbre vert antique orné de baguettes en bronze doré.

45 — Deux bustes de Vénus et d'Antinoüs en bronze, sur socles à canneaux en marbres blanc et griotte. Époque Empire.

46 — Coupe jardinière en porcelaine fond bleu, décorée de médaillons à fleurs et amours; monture en bronze doré.

47 — Deux vases de forme bouteille en bronze ciselé, à patine noire, de style mauresque.

48 — Deux lampes modérateur en porcelaine à décor rouge; monture en bronze.

49 — Pendule Empire à colonnes en bronze et marbre.

50 — Pendule surmontée de la statuette de Napoléon Ier et deux flambeaux en bronze et
marbre.

51 — Deux grands vases en bronze du Japon.

52 — Grande jardinière en ancienne faïence de
Rouen, à décor bleu, sur pied en bois
sculpté.

53 — Deux plats ovales contournés, en ancienne
faïence de Moustiers à décor bleu, dans le
goût de Bérain.

54 — Plat rond en Moustiers.

55 — Trois plats ovales en Moustiers.

56 — Onze assiettes en Moustiers, à décor, fleurs et
animaux en jaune.

57 — Six tasses et soucoupes en faïence du Midi.

58 — Trois plats, deux coupes et deux vases en
porcelaine genre Chine et Japon.

59 — Coffret de sûreté en marqueterie de bois,
garni de cuivre.

60 — Boîte en incrustation d'ivoire à rosaces et quadrillages. Travail vénitien.

61 — Écritoire et couverture d'album de même travail.

62 — Trois boîtes à sel en bois sculpté.

63 — Deux landiers en fer forgé.

64 — Plaque de cheminée en fonte.

65 — Garniture de foyer : pelles, pincettes en fer forgé.

66 — Deux Christs en ivoire dans des cadres en bois sculpté et doré.

67 — Deux statuettes d'anges en bois sculpté, peint et doré.

68 — Bénitier en bois sculpté et doré.

69 — Aiguière et son bassin en cuivre gravé. Travail persan.

70 — Aiguière et son bassin en cuivre uni.

71 — Deux plats en cuivre gravé.

72 — Six pièces : plateaux, boîtes, gobelets et nar-
ghilé en cuivre damasquiné et gravé. Travail
oriental.

73 — Lot de sabres orientaux et d'épées.

74 — Sabre oriental.

75 — Bouclier en laque de la Perse.

76 — Deux gourdes en bois laqué.

77 — Lot de faïences africaines.

78 — Selles en cuir et boucliers en corne de l'Ar-
gentine.

79 — Lot de cornes de buffle.

80 — Manuscrit arabe, relié en veau.

81 — Petit buste de J. J. Rousseau et sonnette en
bronze.

82 — Mortier en bronze.

83 — Deux carafons en cristal de Bohême.

84 — Six pièces : boucles, broche, boîtes et bourse.

85 — Camée : tête de Minerve de profil.

86 — Camée : masque de la Comédie.

87 — Camée en sardonyx : Henri IV et Marie de
Médicis. Signé : *A. Vaudet*.

88 — Intaille en hermatite : buste de M. Thiers.

89 — Violon de J. Barbé, à Mirecourt.

90 — Violoncelle.

TAPISSERIES

91 — Tapisserie de Flandre à sujet tiré de l'histoire
de Moïse ; bordure à figures et fleurs.

92 — Tapisserie de Flandre à sujet Ruth et Booz ;
bordure à ramages, oiseaux et attributs.

93 — Tapisserie de Flandre, représentant la vision
d'un saint ; bordure à fleurs et cartouches
sur quatre côtés.

94 — Tapisserie verdure : sanglier et tigre dans un
paysage.

95 — Tapisserie de Flandre à sujet guerrier ; bordure à figures et fruits.

96 — Fragment de tapisserie verdure.

97 — Tapis en ancien Aubusson à bandes à rinceaux,
fleurons et attributs ; bordure à fleurs.

98 — Tapis de table en satin noir brodé de fleurs
et d'oiseaux en soies de couleurs.

99 — Cinq morceaux : tapis, portières et bandes en étoffe orientale.

LIVRES

100 — *Commentaires de Napoléon Ier*. Six volumes reliés.

101 — *Code musulman*, traduction de Seignette. Un volume relié.

102 — *Roland furieux*, traduction par d'Ussieux. Quatre volumes illustrés, chez Brunet. Paris, 1775.

103 — *Histoire de France*, de Martin. Dix-neuf volumes.

104 — Environ quarante volumes : œuvres par Molière, Colardeau, Crébillon, Voltaire, Buffon, Sterne, Dulaure et autres.

TABLEAUX

105 — BALLY (1818). Portrait de garçon.

106 — BILCOQ. La Buanderie et l'Écurie. Deux pendants.

107 — BOILLY. La Déclaration.

108 — BOURGUIGNON. Choc de cavalerie.

109 — BRAUWER (attribué à). Les Fumeurs.

110 — CORPET. Chrysanthèmes dans un vase en grès.

111 — CORRÈGE (d'après le). Sainte Famille.

112 — COUVERT. Château au bord de l'eau.

113 — DAVID (A., 1763). Pâtres, bestiaux et pêcheurs au bord de la mer.

114 — DAVID (A., 1763). La Pêche; pendant du précédent.

115 — Duplessis. Campement de troupes.

116 — Durange. Portrait de femme.

117 — Gorp (van). Portrait de jeune femme, corsage
décolleté.

118 — Gorp (van). Deux portraits de jeunes gar-
çons.

119 — Gorp (van). L'Élève distrait.

120 — Guindrand. Falaises au bord de la mer.

121 — Kayser (attribué à). Portrait de femme à col-
lerette.

122 — Lantara. Paysage avec chute d'eau.

123 — Lapierre. Cavaliers sur une route.

124 — Lecorre (1790). Deux paysages avec figures et
cascades.

125 — Molyn (attribué à). Château dans un paysage
boisé.

126 — MAYER (Mlle). Amour et papillons.

127 — NOEL (Jules). Côte de Bretagne.

128 — PALAMÈDES. La Partie de cartes.

129 — POELEMBURG. Nymphes et satyres près de ruines. Deux pendants.

130 — RIBOT (Germain). Fleurs.

131 — ROTTENHAMMER. Diane et Actéon.

132 — VALLIN. Satyre.

133 — WOUWERMAN (école de). Départ pour la chasse.

134 — ZIEM (genre de). Marine.

135 — ÉCOLE ITALIENNE. Berger et Amours; dessus de porte.

136 — ÉCOLE ITALIENNE. La Vendange.

137 — ÉCOLE ITALIENNE. Judith.

138 — ANCIENNE ÉCOLE ALLEMANDE. Jeune Femme en costume du xve siècle, tenant un livre.

139 — ÉCOLE FRANÇAISE. Portrait de femme.

140 — ÉCOLE HOLLANDAISE. Jeune Femme et perroquet.

141 — Sous ce numéro, trois tableaux.

142 — Plusieurs cadres en bois sculpté.

DESSINS, AQUARELLES ET MINIATURES

143 — ARNAULT. Portrait de Mlle Gail. Crayon.

144 — BARRY. Deux Marines. Aquarelles.

145 — CHEVRET. Intérieur. Aquarelle.

146 — GROS. Tête de chérubin. Sanguine.

147 — LATOUR (attribué à). Portrait de femme.
pastel.

148 — MONGIBELLO. Marine. Aquarelle.

149 — Dessin : sujet tiré de l'histoire grecque.
Crayon.

150 — Pastel : le Sommeil de la ménagère.

151 — Quatre gravures en couleurs d'après Vernet.

152 — Trois miniatures sur vélin : Sainte Thérèse,
Enfant couché et l'Annonciation.

153 — Miniature sur ivoire : portrait de femme en
costume de l'Empire.

154 — Trois miniatures sur ivoire : portraits
d'hommes.

155 — Miniature ovale : le Départ de la galère.

156 — Peinture sur porcelaine : portrait de femme.

157 — Aquarelle par Forest.

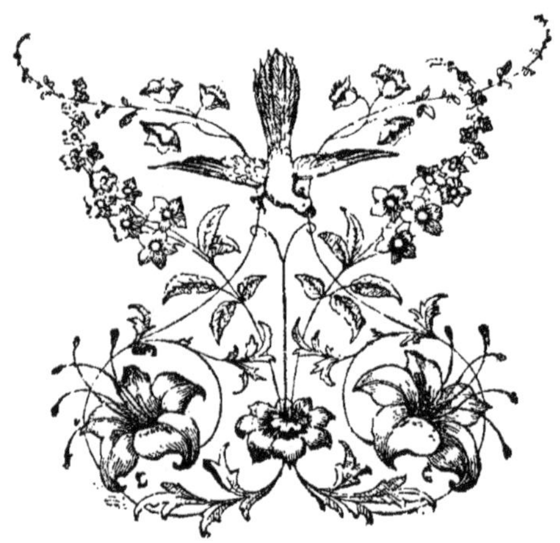

www.ingramcontent.com/pod-product-compliance
Ingram Content Group UK Ltd.
Pitfield, Milton Keynes, MK11 3LW, UK
UKHW031711170726
13836UKWH00001B/181

9 782329 517933